AF285450

Bedienungsanleitung
für
MÄNNER

-

Leitfaden vom
Erwerb
bis hin zur
Pflege und Haltung

Vorwort

Wenn sie dieses Buch lesen,
erweckt es höchstwahrscheinlich
den Eindruck es sei
männerfeindlich.
Alles in diesem Buch
Geschriebene sollten sie mit
Humor und Ironie betrachten. Es
gibt so viele Blondinen- oder
Frauenwitze, nun ist es an der Zeit,
dass wir Frauen uns auch mal ein
kleines Späßchen mit den Männern
machen.
Ich als Autorin, bin weder
männerfeindlich, noch eine
Männer hassende Lesbe.
Ich bin seit 16 Jahren glücklich mit
einem Mann verheiratet und wir
haben einen gemeinsamen Sohn.
Einige Dinge mögen durchaus der
Realität entsprechen, sind aber
deutlich drastischer dargestellt, als
sie eigentlich sind.

Lesen sie dieses Buch einfach mit einem Schmunzeln auf den Lippen, vielleicht gemeinsam mit ihrem Partner. Ich bin sicher, sie werden beide ihren Spaß haben. Haben sie noch keinen Partner gefunden, so lassen sie sich bitte nicht irritieren oder abschrecken, so schlimm sind die Herren der Schöpfung eigentlich gar nicht. Wir alle lieben doch unsere Männer und möchten nicht ohne sie sein.

Also nehmen sie nicht alles so ernst, was hier geschrieben steht. In diesem Sinne viel Spaß beim Lesen!

Männer -
erwachsene
Personen
männlichen
Geschlechts der
Gattung Säugetier.

Beschreibung

Rein körperlich unterscheiden sich die Männer stark von ihren weiblichen Artgenossen. Während in der Tierwelt meist die Männchen die Schöneren und Prachtvolleren unter den Geschlechtern sind, ist es bei den Menschen eher umgekehrt, bis auf wenige Ausnahmen...
Männer bestechen durch Ihren wuchtigen, kräftigen Körperbau, ihrer starken Behaarung am ganzen Körper und natürlich durch ihr Geschlechtsteil.
Meist sind Männer deutlich größer als ihre weiblichen Artgenossen, was sich bei der Pärchenbildung optisch als Vorteil auswirkt.
Kleinere Männer wirken neben Frauen oft lächerlich und kindlich.
Ein Mann sollte mindestens eine Körpergröße von 1,70 Meter aufweisen können, alles was

darunter liegt, sollte man nicht als Mann bezeichnen. Diese Gestalten nennt man dann Gnom, Wurzelpitti oder Zwerg.

Wie bereits erwähnt, haben die meisten Männer, ähnlich wie ihre Vorfahren, eine starke Körperbehaarung. Diese kann jedoch im fortgeschrittenen Alter an einigen Stellen deutlich nachlassen. Es bilden sich beispielsweise kahle kreisförmige Stellen am Oberkopf und Stirn, die so genannte Glatze. Eine Solche haarfreie Zone versuchen die Männer oft durch mehr oder weniger geschicktes Kämmen ihrer restlichen Haare zu verdecken. Sie setzen dabei am äußersten Kopfrand einen Scheitel an und legen dann die langen Seitenhaare quer über die kahle Stelle. Diese Methode ist weit verbreitet, erweist sich jedoch bei starkem Wind als unvorteilhaft. Es wirkt dann äußerst lächerlich, wenn die langen Haare wie eine Antenne nach oben stehen.

Eine weitere Methode die Glatze unkenntlich zu machen, ist einfach das gesamte Haupthaar ab zu rasieren oder sehr kurz zu halten. Vorausgesetzt das Gesicht des Mannes ist optisch einigermaßen ansprechend, stellt sich diese Methode als praktischer und hübscher dar. Besonders die jüngere Generation entscheidet sich heute meist für den Kahlkopf, auch Bombe genannt.

Langes Haupthaar bei Männern kann von hinten betrachtet oft zu Verwechslungen mit Frauen führen, ist daher nur ratsam bei einem männlichen Körperbau und entsprechender Gangart.

Bei Männern wachsen aber auch direkt im Gesicht, wie zum Beispiel aus der Nase und aus den Ohren Haare. Ja sogar auf den

Zehen, am Rücken und auf der Brust sind diese zu finden. Eine starke Rückenbehaarung wirkt sehr animalisch und erinnert an einen Silberrücken. Es empfiehlt sich, solche Haarmassen mit Wachs zu entfernen. Doch oft ertragen die Herren einen solchen Schmerz kaum und verzichten daher auf die Entfernung. Brustbehaarung hingegen wirkt auf einige Frauen sehr anziehend und andere wiederum mögen sie gar nicht. Die Männer sollten immer darauf achten, dass die Haare nicht aus den Knopflöchern ihrer Hemden oder oben aus dem Kragen wuchern.

Die Haare aus Nase und Ohren sollten unbedingt aus optischen Gründen entfernt werden. Auch führt eine zu starke Ohrbehaarung zu Schwerhörigkeit und es treten außerdem Probleme bei der Reinigung auf. Der Schmalz bleibt dann in den Haaren hängen und lässt sich nur sehr mühsam entfernen. Ähnlich verhält es sich mit den Nasenhaaren. Es empfiehlt sich daher diese Haare zu zupfen oder mit einem speziellen Nasenhaarentferner zu kürzen, welcher im Handel erhältlich ist.

Der Bart eines Mannes hingegen zeugt von Männlichkeit und tritt erstmalig während der Pubertät auf. Manche Frauen mögen Bärte sehr, andere finden sie abstoßend. Ob als Vollbart oder Oberlippenbart getragen, bedarf er jedoch viel Pflege. Oft sammeln sich hier Essensreste oder Spuren vom Naseputzen. Diese müssen dann von Hand entfernt werden, andernfalls trocknen sie an oder verkleben im Haar. Bei einigen Männern wirkt der Bart männlich, bei anderen eher ungepflegt. Hat ein Mann nur dünnere

Pflaumenhaare im Gesicht, sollten diese auf jeden Fall abrasiert werden. Bei einem kräftigem 3-Tages-Bart kann es zu Rötungen und Stichverletzungen kommen, wenn der Mann seinen Bart an anderer Haut reibt, wie etwa beim Schmusen oder auch beim Oralverkehr. Dies kann für die Frau sehr unangenehm sein und führt mit unter zu Unlust und Trockenheit.

Weiterhin wachsen Haare bei einem Mann, wie übrigens auch bei einer Frau, im Genitalbereich. Bei Frauen ist es üblich diese Haare zu entfernen. Einige Männer haben diesen Brauch inzwischen übernommen. Die Sackhaare zu entfernen ist dann vor allem ratsam, wenn sie Oralverkehr betreiben. Denn hier können die Haare leicht verschluckt werden oder zwischen den Zähnen hängen bleiben. Bei größeren Mengen bilden sich dann unangenehme Haarballen im Magen, welche nur durch Erbrechen wieder ausgeschieden werden können.

Möchte der Mann diese Haare nicht freiwillig entfernen, empfiehlt es sich ihn unauffällig mit Haarentfernungscreme einzureiben. Täuschen sie hier einfach eine Potenzcreme vor, so gibt es keine Schwierigkeiten.

Die Axelhaare sollten nicht so lang sein, dass sie raus hängen, wenn der Mann die Arme unten hat. Bei starkem Schwitzen könnte der Schweiß sonst daran herunter tropfen und beispielsweise auf den Teller gelangen. Das Essen würde dann sehr salzig schmecken.

Ein weiteres wichtiges Unterscheidungsmerkmal zwischen Männern und Frauen ist die Brust. Während diese bei Frauen wohlwollend rund und üppig ausfällt, ist sie bei Männern flach und hart. Was jedoch bei entsprechendem Training sehr schön anzusehen ist. Hier gilt je härter, desto besser. Die Brustwarze fällt bei beiden Geschlechtern gleich aus. Beim Mann dient sie jedoch ausschließlich der Optik. Trinken Männer jedoch zu viel Bier oder leiden sie an Verfettung, so kann die Brust auch bei ihnen weibliche, schwabbelige Formen annehmen. Eine Milchproduktion ist jedoch nicht zu erwarten.

Bei einer solchen Missbildung und Verformung der männlichen Brust hilft nur strenge Diät und Bierentzug! Lässt sich der Mann nicht darauf ein, schenken sie ihm einen Büstenhalter als Schocktherapie oder machen sie Fotos von seinem Busen und stellen sie diese Bilder ins Internet. Männer können zwar über einen hohen Intelligenzquotienten verfügen, dass bedeutet jedoch nicht automatisch, dass sie wirklich denken können. Oft können sie den Worten einer Frau nur schwer folgen. Es scheint so, als sprechen sie eine andere Sprache. Die Wortwahl eines Mannes ist oft auch grob oder vulgär. Achten sie darauf, wenn sie länger mit einem Mann zusammen sind, dass sie sich dieser Sprache nicht annehmen.

Am Telefon erkennen sie einen Mann an der tiefen Stimme, es sei denn, er befindet sich noch im Stimmbruch oder ist kastriert. Ein weiteresUnterscheidungs- merkmal zwischen Männern und Frauen ist die Kleidung, die sie tragen. Männer bevorzugen in der Regel Hosen. Sie tragen weder Blusen noch Röcke. Sollte ein Mann dazu neigen in Frauenkleider zu schlüpfen, so haben sie es hier mit keinem

echten Mann zu tun. Die Natur
konnte sich hier nicht entscheiden,
ob es ein Mann oder eine Frau
werden sollte. Es handelt sich hier
um Personen, die weder richtig
Mann noch richtig Frau sind. Sie
leben in ihrer eigenen Welt und
sind für ihre Zwecke unbrauchbar.
Passend zum Körperbau haben
richtige Männer größere Hände
und Füße als Damen. Die
Schuhgröße ist für eine Frau eher
uninteressant, jedoch die großen
Hände können von Nutzen sein.
Beispielsweise können sie sich
damit massieren lassen, Gläser
öffnen lassen oder diese für
Fingerspielchen jeglicher Art
nutzen.
Wie bei allen männlichen
Säugetieren hat natürlich auch das
der Menschen einen Penis.
Der Penis befindet sich zusammen
mit dem Hodensack zwischen den
Beinen des Mannes und ist von

natur aus ringsherum lockig
behaart. Beim Laufen schwingt das
Geschlechtsteil locker von einer
Seite zur anderen. Für die Männer
aber nicht weiter störend, sie sind
es von Geburt an gewöhnt. Einige
Männer befestigen ihr Glied auch
durch Hochlegen in den Schlüpfer.
Im Alter ist es oft so, dass der
Hodensack deutlich länger wird,
als der Penis. Um den Sexualtrieb
bei Tieren zu hemmen kastriert
man die Männchen. Bei Männern
ist diese Vorgehensweise nicht
üblich, daher können diese das
ganze Jahr über ihren Trieben
nachgehen.
Eine Standartlänge für das
männliche Glied gibt es nicht. Es
gibt unterschiedliche Größen von S
bis XXL. Mache sind so klein,
dass man von einem inneren Organ
sprechen könnte und andere
wiederum so lang, dass sie die

Männer selbst als Boa, Rohr oder Prügel bezeichnen.

Bei einer sexuellen Erregung schwillt das Glied des Mannes ohnehin sehr stark an und kann dabei um einige Zentimeter an Länge zulegen, sie gar verdreifachen. Dabei verändert sich die Position von hängend auf stehend und die Konsistenz ist dann sehr fest. Somit können die Herren der Schöpfung ihr Geschlechtsteil steuern, um in das Rohrloch einer Frau einzudringen. Die Geschlechtsteile eines Mannes zeugen nicht von optischer Schönheit, sind jedoch sehr funktional und nützlich. Besonders nett anzusehen sind sie von hinten, wenn sich der Mann bückt. Tun sie sich dieses Bild nicht all zu oft an, es könnte zu Augenkrebs führen. Ein weiteres Merkmal der Männer ist, dass sie oft muskulöser als ihre weiblichen Artgenossen gebaut

sind. Vor Jahrhunderten dienten die Männer dazu, ihre Frauen zu beschützen. Leider ist diese Eigenschaft im Laufe der Jahrhunderte stark zurückgegangen. Diese Charakterzüge kommen meist nur bei starkem Alkoholintus wieder zum Vorschein. Dennoch gibt es auch heutzutage sehr starke Männer. Die enorme Muskelmasse kommt jedoch oft nicht von der vielen Arbeit, sondern meist quälen sie sich täglich viele Stunden in einem Fitnessstudio ab und stemmen Gewichte. Den Sinn dieser Aktivitäten ist für weibliche Wesen eher unverständlich.
Bei einigen Männern sind die Muskeln so stark ausgeprägt, dass sie die Arme nicht mehr richtig zusammen bekommen und auch die Gangart sich massiv verändert. Sie erinnern dann sehr stark an Gorillas. Außerdem führt das

rasante Muskelwachstum zu unansehnlichen Rissen in der Haut, welche dann eher an eine Landkarte mit Elbe und Mulde erinnern.

Unsportliche Männer haben weniger Muskeln und bekommen im fortgeschrittenen Alter einen Bierbauch. Man nennt einen solchen auch Airbag oder Thekenschwamm. Schwangere Frauen könnten bei diesem Anblick glatt neidisch werden. Kommen Männer mit einem solchen Bauch zu Fall, haben sie, ähnlich wie Marienkäfer, Schwierigkeiten wieder in die aufrechte Position zu kommen. Dann gibt es noch das komplette Gegenteil der Muskelmänner. Die Rede ist von knochigen, unterernährten Möchtegernmännern. In der Umgangssprache nennt man sie oft Spargeltarzan, Hempfling,

Würstchen oder Bubi. In der freien Natur hätten solchen Exemplare nur sehr schlechte Überlebenschancen. Sie sind weder für die Fortpflanzung noch für die optische Dekoration neben einer Frau geeignet. Ignorieren sie solche „Männer" einfach und sorgen sie dafür, dass diese sich auf keinen Fall vermehren.

Wenn man sich manche Männer so anschaut, fragt man sich einfach nur, was wollte die Natur eigentlich....

Unarten

Bevor sie sich für die Dauer einen Mann zulegen, sollten sie sich darüber im Klaren sein, dass Männer oft einige Unarten an sich haben. Diese dringen jedoch meist nicht sofort zum Vorschein, sondern entwickeln sich erst im Laufe des Zusammenseins. Ein Mann würde zum Beispiel niemals direkt bei der ersten Begegnung seinen Winden freien Lauf lassen. Doch nach mehreren Wochen sind sie in dieser Hinsicht oft völlig ungehalten und hemmungslos. Beim Laufen lassen sie den Furz Schritt für Schritt einfach entgleiten und tun so, als wäre nichts gewesen. Oft sind diese Gase auch noch von starkem Gestank begleitet und führen zu Augenjucken und Hustenreiz. Manche Männer machen sich einen Spaß daraus die Gase in der

Hand aufzufangen und sie dann seinem Gegenüber unter die Nase zu halten. Bei Einigen anderen wiederum entweichen die Winde nachts im Schlaf, wenn sie sich umdrehen. Entweder sie sitzen dann stundenlang unter der Decke fest oder beim Wedeln durchfluten sie wellenförmig den Raum. Sie sollten daher mit einem Mann an ihrer Seite grundsätzlich bei offenem Fester schlafen, andernfalls kann es möglich sein, dass morgens mit Vergiftungserscheinungen aufwachen und die Luft ist nebelig trüb.

Eine weitere schlechte Eigenschaft ist das Rülpsen. Nach dem Trinken röhren Männer oft so laut, dass man es mit einem brüllenden Elch verwechseln könnte. Die Männer hingegen bezeichnen dies jedoch als reine Körperbeherrschung, man könne froh sein, sie hätte sich nicht übergeben. Sind Katzen bei einem solchen Gebrüll in der Nähe, ergreifen diese oft blitzschnell die Flucht! In Gebieten, in denen sich Elche angesiedelt haben, ist Vorsicht geboten. Sie könnten das Röhren mit einem Brunftschrei verwechseln und einen Bullen anlocken.

Wenn sich Männer die Nase putzen, können sie es leider auch nicht lassen, sich den Inhalt des Taschentuches genau anzuschauen. Keine Ahnung was sie dort hoffen zu finden.

Aber es ist schon mal positiv, wenn sich Männer überhaupt die Nase putzen! Ganz schlimme Exemplare halten sich ein Nasenloch zu und aus dem anderen schleudern sie mit einem Luftdruck den Naseninhalt auf den Boden. Das sind dann die grünen schleimigen Flecke, die auf den Gehwegen zu finden sind. Achtung

Rutschgefahr! Diese Methode ist
extrem ekelhaft und abstoßend.
Andere wiederum ziehen die Nase
hoch und spucken den Inhalt aus.
Diese Männer zu küssen, könnte
zu Patz oder Mundfäule führen.
Dann gibt es wieder Männer, die
müssen wie ein Lama überall hin
spucken. Sinn macht das keinen, es
ist einfach nur eine hässliche
Angewohnheit, die nur ein MANN
haben kann. So bekommt der
Spruch „das Tier im Mann" eine
ganz neue Bedeutung.
Nasebohren gehört bei Männern zu
einer ihrer
Lieblingsbeschäftigungen. Sie
rollen dann den Popel zwischen
den Fingern, bis er fest ist und
schnipsen diesen dann weg. Also
geben sie Acht vor derartigen
Geschossen.
Männer sind in freier Natur wie
Hunde. Durch ihr bewegliches
Glied haben sie die Möglichkeit

völlig unkompliziert und ohne sich dabei ausziehen zu müssen, zu urinieren. Sie pinkeln quasi an jeden Baum. Haben sie einen eigenen Gemüsegarten, so schützen sie die Gebiete besser durch einen Elektrozaun oder Ähnliches.

Aber auch in der Wohnung ist einiges zu bemängeln. Sie pinkeln im Stehen, machen die Klobrille nicht wieder runter, vergessen die Klobürste zu benutzen, besprenkeln den Spiegel beim Rasieren und und und…

Hier hilft es nur, die Herren immer und immer wieder darauf hin zu weisen. Bitte niemals anfangen hinterher zu räumen, so verbauen sie sich jegliche Chance auf Besserung.

Eine andere weit verbreitete dumme Angewohnheit eines Mannes ist das Spielen an seinen Genitalien. Wenn der Mann vom

Sitzen aufsteht führt der erste Griff in seinen Schritt. Sie kommen dann mit der Ausrede es sei etwas eingeklemmt oder der Hodensack sei an den Oberschenkeln angeklebt.

Viele Männer haben auch einen sehr herben Fußgeruch. Wenn ihnen also beim Autofahren immer mal eine stinkende Brise entgegen kommt, vergewissern sie sich, ob es vom frisch gedüngten Acker kommt oder vom Fußgebläse des Autos. Ein weiteres Zeichen für Schweißfüße sind harte Socken, welche von allein stehen, wenn man sie aufrichtet. Machen sie außerdem den Geruchstest am Fußende der Schlafdecke. Der Duft frisst sich dermaßen in die Decke ein, dass er sogar noch nach der Reinigung zu erschnüffeln ist. Männer schnarchen, auch das müssen sie wissen, wenn sie sich einen Mann ins Haus holen.

Besonders lautstark wird es nachts, wenn sie ihm zu viel Alkohol gegönnt haben. Man kann nur wenig gegen das Schnarchen tun. Entweder sie verfrachten den Mann direkt in den Keller oder probieren einige Methoden zur kurzzeitigen Linderung aus. Eine solche Methode ist beispielsweise den Mann lautstark anzuschreien um ihn aus dem Schlaf zu reißen. Sie können ihn aber auch das Kopfkissen aufs Gesicht drücken oder die Nase zu halten. Aber achten sie dabei auf die Zeit, sonst schnarcht er nie wieder. Einige Männer schlagen dann wild um sich, also halten sie besser Sicherheitsabstand. Oft stellen die Männer das Schnarchen dann kurz ein, fangen aber an komisch zu pusten. Vorteilhaft gegen das Schnarchen ist eine Seitenlage. Rollen sie ihn also zur Seite und legen dann einen Keil hinter den

Rücken, so dass er in dieser
Position verbleibt.

Ich könnte ihnen hier noch jede
Menge weiterer unschöner Dinge
aufzählen, dies würde jedoch den
Rahmen sprengen und würde dazu
führen, dass alle Frauen lesbisch
werden. Ich möchte sie
eindringlich darauf aufmerksam
machen, dass auch Männer
durchaus positive Eigenschaften
haben. Sie können zum Beispiel
Rasen mähen.

<u>Vorbereitungen</u>

Vor Erwerb eines Mannes sind
bestimmte Vorkehrungen zu
treffen.

Sie müssen sich überlegen, ob sie
überhaupt genügt Platz in ihrer
Wohnung für einen
ausgewachsenen Mann haben. Da
sich Männer oft wie Trampeltiere
verhalten, sollte der Fußboden
diese Erschütterungen aushalten
können.

Ebenfalls sollte ihr Bett
ausreichend breit sein. Empfohlen
sind hier mindesten 1,60 Meter.
Denn Männer schlafen oft unruhig
und haben kein Gefühl während
des Schlafes. So kann es sein, dass
sie im Traum um sich schlagen
und sie versehentlich einen
Ellenbogen ins Gesicht
bekommen. Das Bett sollte
außerdem eine gute Federung
besitzen, denn sie drehen sich nicht

wie Frauen um, sondern werfen
sich von einer Seite zur anderen.
Dabei könnte es vorkommen, dass
sie auf der anderen Seite
rausgeschleudert werden.
Überlegen sie sich, ob ihr
Kleiderschrank ausreichend für 2
Personen ist. Der Mann benötigt
mindestens 1 Fach für sich alleine.
Können sie ihm diesen Platz
verschaffen?
Der Mann benötigt des Weiteren
einen eigenen Rasierer, Zahnbürste
und eventuell einen eigenen
Fernseher. Gelinkt es ihnen jedoch
die Fernbedienung in ihrer Macht
zu bringen, reicht einer aus.
Wenn sie sich einen Mann in Haus
holen, müssen sie sich darauf
einstellen, dass dieser auch
beschäftigt werden möchte.
Kaufen sie deshalb einen DVD-
Player, eine Playstation, einen
Kalender mit nackten Frauen,
verschiedene Werkzeuge und

Bohrmaschinen. Diese Dinge sollten als Grundausstattung vorerst genügen.

Männer schmollen oft, deshalb sollte es in der Wohnung eine Rückzugsmöglichkeit oder eine stille Treppe geben. Sie können ihm auch eine kleine Ecke im Keller dafür herrichten.

Ansonsten sind Männer nicht sehr anspruchsvoll und können in jeder Wohnung gehalten werden.

Erwerb eines Mannes

Bevor man sich einen Mann
überhaupt zulegt, sollte man sich
genau überlegen, wofür man ihn
überhaupt benötigt. Dabei ist
unbedingt zu beachten, dass die
meisten Männer eine
Lebenserwartung von 70 bis 80
Jahren haben. Im Alter werden sie
oft pflegebedürftig und fangen an
zu riechen. Machen sie sich
Gedanken über die
Urlaubsbetreuung und die
zusätzlich anfallenden Kosten.
Überlegen sie sich, ob sie
überhaupt genügt Zeit für einen
Mann aufbringen können. 1 bis 2
Stunden in der Woche müssen sie
schon einplanen.
Hat man sich einen Mann erst
einmal zugelegt, ist es oft
schwierig diesen wieder los zu
werden. Also vorab unbedingt eine
Bedarfsanalyse durchführen, um

heraus zu finden, was genau sie brauchen.

Man unterscheidet dabei in 3 Oberkategorien:

1. Der Mann für die finanzielle Absicherung,
2. Der Mann fürs Vergnügen,
3. Der Mann zum Vermehren.

Es gibt aber auch vereinzelt Exemplare zu erwerben, wo 2 oder gar alle 3 Kategorien untereinander kombinierbar sind. Aber vorsichtig, oft verkaufen sich die Männer völlig über Wert. Vereinbaren sie am besten vorab eine Art Probezeit, um ihren Erwerb genau unter die Lupe zu nehmen.

Die Verhaltensweisen eines Mannes ändern sich oft in den ersten paar Monaten drastisch. Ein liebenswerter und romantischer Typ kann plötzlich zum knurrigen Pascha mutieren.

Aber auch scheinbar schüchterne
Männer können nach einer
gewissen Zeit zu hemmungslosen
Sexgöttern werden.
Also erst genau prüfen, bevor sie
sich letztlich festlegen!

Der Mann für die finanzielle Absicherung:

Benötigen sie einen Mann ausschließlich, um sich finanziell abzusichern, ist unbedingt darauf zu achten, dass sich der Mann in einem Arbeitsverhältnis mit gutem Verdienst befindet oder reiche Eltern hat. Das Aussehen sollte bei diesem Modell zweitrangig sein, es sei denn sie möchten es kombinieren, zum Beispiel ihn auch zur Vermehrung nutzen.

Erste Anzeichen für Reichtum und Wohlhaben sind ein gepflegtes Äußeres, ein Mittelklasseauto oder besser und eine eigene Behausung. Halten sie sich fern von Männern, die noch bei Mutti wohnen, besonders wenn sie bereits das 40igste Lebensjahr überschritten haben.

Oft tragen vermögende Männer auch viel Schmuck und teure

Uhren. Verwechseln sie solche aber bitte nicht mit Zuhältern, denn die Ähnlichkeit ist verblüffend.

Achten Sie auf den Inhalt seiner Brieftasche, hier sollten sich ausreichend Bargeld und Kreditkarten befinden.

Bei näherer Inspektion sollten sie dann seine Kontoauszüge und Gehaltsscheine überprüfen und darauf achten, dass der Herr keinen negativen Eintrag im Schuldenregister hat. Später sollten sie dann unbedingt darauf achten, dass eine Lebensversicherung zu ihren Gunsten ausfällt. Besonders wichtig ist dies bei schon älteren Modellen, bei denen ein Ableben anstehen könnte. Ganz wichtig, heiraten sie ihn unbedingt vorher. Ist ein Ableben nicht in Sicht, der Mann jedoch pflegebedürftig und zu nichts mehr zu gebrauchen, so können sie diesen in ein Altersheim abgeben. Lassen sie sich aber vorher unbedingt die entsprechenden Vollmachten für sein Konto ausstellen. Am besten sind immer direkt Blanko-vollmachten, in denen sie ihre Bedürfnisse dann selbst nach Belieben eintragen können.

Nach dem Ableben und entsprechender Trauerzeit sollten sie auf keinen Fall wieder heiraten, sonst geht ihnen die wertvolle Witwenrente verloren.

Möchten sie sich nicht an einen Mann binden, jedoch von seinem Geld profitieren, so nehmen sie alles mit, was sie bekommen können. Lassen sie sich zum Essen einladen, neu einkleiden, verreisen sie. Ihrer Fantasie sind hier keine Grenzen gesetzt. Achten sie nur darauf, dass sie ihren eigenen Wohnsitz behalten und ihn jederzeit abstoßen können, wenn sie haben, was sie brauchen.

Profitabler ist es jedoch immer,
wenn sie eine gewisse Zeit mit
dem Mann zusammen leben.
Vermögende Männer eignen sich
zudem wunderbar zur
Kombination, wenn sie sich paare
möchten oder eine Familie
gründen wollen.

Der Mann fürs Vergnügen

Einen Mann ausschließlich fürs Vergnügen zu finden, sollte nicht schwierig sein. Diese Männer sollten ein besonders gutes Aussehen aufweisen können und keinen stechenden Geruch von sich geben oder gar fettige Haare haben. Beim Auspacken des Gemächtes des Mannes sollten sie genau schauen, ob alles sauber und rein ist. Prüfen sie, ob der Penis frei von dem so genannten Kuppenkäse ist. Dieser würde darauf hin deuten, dass schon längere Zeit keine Reinigung erfolgt ist.
Ganz wichtig sind hier auch eventuelle Geschlechtskrankheiten auszuschließen, wie Sackratten, Genitalherpes oder Syphilis. Erste Anzeichen für eine solche Krankheit ist ständiges Kratzen am Geschlechtsteil. Oft versuchen die

Männer es unauffällig zu machen, in dem sie eine Hand in die Hosentasche stecken und von der Tasche aus kratzen. Sackratten halten sich besonders gern in warmen buschigen geschützten Gebieten auf, dass heißt sie fühlen sich besonders bei unrasierten Männern wohl. Andere Krankheiten äußern sich durch übel riechenden Ausfluss, welcher Rückstände im Schlüpfer hinterlässt. Auch kann es zu eitrigen Pickeln, blumenkohlartigen Auswüchsen und Flechten rund um das Geschlechtsteil kommen. Bei bereits sichtbaren Anzeichen einer Geschlechtskrankheit sollten sie unbedingt einen intimen Körperkontakt meiden. Tragen Sie Handschuhe beim untersuchen, um einen Ansteckung zu vermeiden. Sind keine Äußerlichen Abnormalitäten zu erkennen, sollten sie sich dennoch auf jeden Fall mit einem Kondom schützen. Diese gibt es in unterschiedlichen Größen, Farben und Geschmacksrichtungen, welcher für den Oralverkehr interessant ist. Besonders dann zu empfehlen, wenn der Eigengeschmack des Gliedes ranzig oder pelzig ist.

Gibt es kein passendes Kondom in seiner Größe ist Vorsicht geboten. Ist das Glied von so enormer Übergröße, so könnte es zu Stoßverletzungen führen. Ist das Glied zu klein und ein Kondom findet keinen Halt, so können sie sich den Geschlechtsverkehr direkt sparen, sie würden eh nichts merken.

Sollte es nach dem Vergnügen dazu kommen, dass ein Mann dann zu anhänglich wird und sie beispielsweise seinen Eltern vorstellen möchte, machen sie ihm einfach einen Heiratsantrag oder äußern sie den Kinderwunsch. Das Problem löst sich dann meist von ganz alleine. Sollte jedoch auch dieser Versuch fehlschlagen, so laden sie einfach einen anderen Mann zu sich nach Hause ein. Lassen sie sich am besten direkt beim Geschlechtsverkehr überraschen. Aber Achtung, bei dieser Variante kann es zu Ausschreitungen kommen. Die Männer werden dann oft ungehalten und mit unter kommt es zu Verletzungen der beiden Rivalen. Sollten Sie wertvolle Möbelstücke zu Hause haben, bringen Sie diese vorab besser in Sicherheit. Der Vorteil, nach diesem Akt sind sie dann direkt beide Männer mit einem Schlag los!

Männer fürs Vergnügen kann man übrigens auch käuflich für einige Stunden erwerben. Hier müssen sie keinerlei Bindungsängste haben.

Sie finden solche Exemplare in der Unterklasse an jeden Bahnhof. Die Oberklasse hingegen verkehrt eher übers Internet und Inseraten und verhält sich etwas diskreter.

Der Mann zum Vermehren

Suchen sie einen Mann mit dem
sie sich gern paaren möchten,
sollten sie bei der Auswahl sehr
sorgsam vorgehen, schließlich
sollen die Kinder ja gelingen und
ansehnlich werden. Sie sollten
zudem nicht blöde oder gestört
werden. Zunächst schauen sie nach
einem guten Erscheinungsbild des
Mannes. Wichtig ist hier zum
Beispiel eine entsprechende
Körpergröße von mindestens
1,70 Meter und der Mann sollte
weder fettleibig noch knochig sein.
Vergewissern sie sich, dass der
Samenspender keine
gesundheitlichen Einschränkungen
oder mutierte Körperteile aufweist,
dies könnte sich auf den
Nachwuchs vererben. Männer mit
Aschenbechern vor den Augen, die
krumm laufen und stottern sind
ungeeignet. Lassen sie sich seinen

Impfpass zeigen. Lesen sie
sorgsam seinen Lebenslauf und
überprüfen sie seine
Schulzeugnisse. Testen sie, ob es
möglich ist, mit dem Mann ein
Gespräch zu führen. Das heißt, er
sollte nicht nur wahrnehmen was
sie sagen, sondern sie auch
verstehen.
Optisch passend für eine
Fortpflanzung sind sportliche
Typen, die Wert auf ihre
Gesundheit und ihr Aussehen
legen. Meiden sie auf jeden Fall
Kettenraucher und Trinker, zu
erkennen am Bierbauch und den
gelben Fingerkuppen. Suchen sie
diese Männer niemals in Kneipen
oder Nachtclubs.
Möchten sie mit dem Vater ihrer
zukünftigen Kinder gar eine
Familie gründen, sollten sie sich
vorab einige Kinder ausleihen, um
zu testen, ob der Mann mit ihnen
umgehen kann. Machen sie

unbedingt den Windel-Wechsel-Test! Beim „Mensch ärgere dich nicht" sollte ein zukünftiger Familienvater nicht ausrasten. Auf dem Spielplatz sollte er das Bier zu Hause lassen und seine Zigaretten nicht im Sandkasten ausdrücken. Er sollte wissen, dass Heidi kein Pornostar ist und Schneewittchen kein Flittchen.

Pflege und Haltung eines Mannes

Haben sie einen Mann erworben, so sind einige Dinge zur Haltung und Pflege zu beachten, da dieser sonst muffig, aggressiv oder untreu werden könnte.

Ganz wichtig ist die konsequente Erziehung von Anfang an. Was sie einmal versäumt haben, lässt sich später nicht mehr nachholen. Der Mann stellt sich dann dumm fürs ganze Leben! Bei Ungehorsam kann ein Klaps auf den Hintern wahre Wunder wirken, also scheuen sie sich nicht.

Beteiligen sie ihn an Hausarbeiten jeglicher Art. Halten sie ihn trocken, das bedeutet nicht mehr als 1 Bier am Abend. Um ihren Mann bei Laune zu halten, sollten sie sich mindestens ein oder zweimal pro Woche zum Geschlechtsverkehr hinreißen lassen. Ohne diesen kommt es zu Verstimmungen und einem dicken Hodensack des Mannes. Dieser sollte regelmäßig entleert werden. Eine Alternative zum Verkehr ist das so genannte Blasen, bei dem sie ihren Partner mit dem Mund befriedigen. Ist das Glied des Mannes sehr groß, so passen sie auf, dass sie ihn zu weit in den Mund einführen, dies könnte Brechreiz hervorrufen.

Sollten sie völlig lustlos sein, sagen sie dies auf keinen Fall direkt, dass würde den Mann sehr verstimmen. Täuschen sie eine Migräne vor oder erzählen sie ihm, dass die Russen bei ihnen im Busch sind. Hier sollten sie sich jedoch ein wenig an den Rhythmus ihrer Periode halten, sonst machen sie sich verdächtig.

Beim Verkehr sollten sie immer zum Orgasmus kommen. Ist dies nicht der Fall, täuschen sie diesen auf jeden Fall durch lautes Stöhnen vor. Ein Mann braucht immer die Bestätigung gut gewesen zu sein, andernfalls könnte es zu psychischen Störungen kommen. Dies könnte zur Folge haben, dass der Mann keine Erektion bekommt und das Glied auch bei Erregung schlaff runter hängt und sich nicht bedienen lässt.

Manchmal verziehen die Herren beim Akt ihr Gesicht mit unförmigen Zügen. Hier lässt sich jedoch Abhilfe schaffen, in dem sie einfach die Augen schließen und ihm ein Kleidungsstück über den Kopf legen. Nehmen sie zum Beispiel ihren Slip (falls groß genug), denn das regt den Mann zusätzlich noch an.

Grundsätzlich sind Männer Allesfresser. Bei der Fütterung ist jedoch zu beachten, ihn fettarm zu ernähren. Sie mögen am Liebsten Fleisch in jeglicher Form. Haben sie dies nicht im Haus, wird es gern durch Flüssignahrung in Form von Bier ersetzt.

Weniger begeistert reagieren Männer auf Salat und Körnerfutter. Geben sie ihm höchstens einmal am Tag eine warme Mahlzeit. Diese kann einfach sein, sollte jedoch eiweißhaltig sein, um die Muskelbildung zu fördern.

Vermeiden sie es, ihren Mann ständig zu bekochen, er würde sich daran gewöhnen und es später einfordern.

Die Körperpflege übernimmt der Mann meist selbst und völlig eigenständig. Sollte es hier einmal zu Unregelmäßigkeiten kommen, so können sie den Mann mit einem gemeinsamen Bad in die Wanne locken. Aber Achtung, dass Badewasser sollte nicht zu heiß sein, sonst gibt es geplatztes Würstchen! Achten sie darauf, dass sie nicht auf den Stöpsel sitzen müssen. In der Badewanne besteht die Möglichkeit direkt zwei Fliegen mit einer Klappe zu schlagen. Und zwar zum einen die Körperreinigung und zum anderen den Geschlechtverkehr. Bitte auch genau in dieser Reihenfolge durchzuführen! Haben sie keine Badewanne können sie dies natürlich auch unter der Dusche durchführen. Hier besteht jedoch Rutschgefahr, also bitte keine allzu ruckartigen Bewegungen machen. Bei der Hygiene des Mannes ist außerdem besonderes Augenmerk auf den Toilettengang zu werfen. Die meisten Männer halten es nicht für nötig sich nach dem Urinieren oder nach dem Stuhlgang die Hände zu waschen. Alleine die Vorstellung, dass einige Klopapiersorten nicht besonders reißfest sind und durchstoßen werden könnten, lässt einem die Fußnägel hoch rollen.

Darum machen sie unbedingt nach jedem Toilettengang des Mannes eine Riechprobe. Fällt diese negativ aus, schicken sie den Mann unverzüglich zurück ins Bad zum Händewaschen. Kontrollieren sie bitte auch die Fingernägel nach Verunreinigung, diese werden oft vergessen.

Männer haben die dumme Angewohnheit im Stehen zu pinkeln. Dies dürfen sie auf keinen Fall zulassen! Gewöhnen sie ihm vom ersten Tag an, sich hinzusetzen. Beim Pinkeln im Stehen kommt es zu starken Verunreinigen rund um das Klobecken. Männer sind nicht in der Lage genau zu zielen, da der Urinstrahl breit gefächert austritt und dadurch immer etwas daneben geht. Die Männer jedoch tun dann ganz unscheinbar als würden sie die Sauerei nicht bemerken und verlassen das Bad, ohne die Spuren zu beseitigen. Am besten ist es, sie bringen über das Toilettenbecken ein großes Schild an, auf dem steht –Nicht im Stehen Pinkeln-. Kontrollieren sie das Bad, nachdem der Mann es verlassen hat. Sollten sie trotz eindeutiger Anweisung Urinspuren am Boden und auf der Klobrille finden, pfeifen sie den Mann zurück und drücken sie ihn mit der Nase darauf. Dies ist eine besonders wirksame und lang anhaltende Maßnahme. Bei seltenen Exemplaren hilft jedoch auch dies nichts. Hier ist es zu empfehlen, versteckte Kameras im Bad anzubringen, damit sie ihn aus der Ferne überwachen können.

Eine andere grundsätzliche Sache bei Männer ist, sie können sich weder Geburtstage noch Hochzeitstage oder andere Daten merken. Deshalb markieren sie solche Tage bitte unbedingt dick rot in einen im Zimmer hängenden Kalender. Diese Maßnahme sorgt dafür, dass sie zu ihren Geschenken kommen und beugt unnötigen Beziehungsstress vor. Als Kalendermodell empfiehlt sich hier einen Kalender mit nackten Damen zu nehmen, dieser wird garantiert nicht übersehen. Wenn sie diesen nun noch auf der gegenüberliegenden Seite des Toilettenbeckens platzieren, so klappts auch mit dem Hinsetzen. Die Schwiegermutter, ein Kapitel für sich. Die Meisten Schwiegermütter sehen eine neue Frau als Rivalin an und können sehr grätig werden. Männer lieben ihre Mütter und halten meist zu ihnen. Wollen sie also einen Mann auf Dauer an sich binden, ist es wohl oder übel erforderlich, dass sie sich mit der Schwiegermutter anfreunden. Ist dies völlig unmöglich, so tun sie wenigstens so, die meisten Männer werden es nicht bemerken. Ziehen sie möglichst weit, weit weg von ihr und am besten noch in den 5. Stock ohne Lift, dies beugt unangenehme Besuche vor.

Bei der Kleidung eines Mannes müssen sie ihm später sehr oft zur Hand gehen. Wollen sie ausgehen, legen sie ihm die Sachen besser vorher zurecht, um peinliche Auftritte zu vermeiden. Lassen sie ihn niemals alleine zum Shopping gehen und kaufen sie seine Unterhosen selbst.

Alles im Allen ist es jedoch wichtig den Mann nicht all zu sehr zu verweiblichen. Achten sie unbedingt auf argerechte Haltung! Bei guter Haltung und Pflege werden sie viel Freunde an ihrem neuen Mitbewohner haben.

Krankheiten

Was tun, wenn ihr Liebling mal krank wird?
Männer sind in der Regel nicht besonders anfälliger für Krankheiten als Frauen. Jedoch reagieren sie deutlich sensibler und schmerzempfindlicher als Frauen. Müssten Männer unsere Kinder gebären, so wäre die Menschheit bereits vor Millionen von Jahren ausgestorben.
Einige Männer sind echte Memmen und dies kann im Krankheitsfall sehr anstrengend für die Frau werden. Schon bei einem kleinen Schnupfen, denken sie, sie müssen ersticken. Bei leichtem Husten meinen sie Lungenkrebs zu haben. Beruhigen Sie den Mann mit sanftem Streicheln über den Kopf. Kochen sie ihm Tee und machen sie ihm eine Hühnersuppe. Hören sie über das ständige

Stöhnen und Gejammer einfach
hinweg und lesen sie ihm zur
Ablenkung eine Geschichte vor.
Seien sie während einer
Erkrankung des Mannes besonders
einfühlsam und pflegen sie ihn
rund um die Uhr.
Seinen sie stark, auch diese Zeit
vergeht.
Sie haben während dieses
Zustandes die Möglichkeit einige
Dinge zu ihren Gunsten zu drehen,
da der Mann in dieser Situation
kaum widerspricht oder nur halb
zuhört, denn er ist voll uns ganz
mit sich selbst beschäftigt.
Planen sie zum Beispiel die
Anschaffung einer neuen
Innenausstattung oder möchten sie
sich neu einkleiden, hier ist der
Zeitpunkt günstig, um nach seiner
Kreditkarte zu fragen. Um so
fürsorglicher sie sind, desto mehr
springt für sie heraus.

Beschäftigung / Freizeitgestalt

Die Beschäftigung gemeinsam mit einem Mann kann sich oft als sehr schwierig erweisen, da sich die Interessen meist stark von denen einer Frau unterscheiden. Während Frauen ihre Freizeit sinnvoll gestalten, verplempern Männer oft ihre Zeit mit Sachen wie Fußball, Autos oder Pornos.

Oft horten sie sich dann zu Rudeln zusammen, trinken Unmengen an Alkohol und benehmen sich wie Urzeitmenschen. Gerade in Gruppen fühlen sich Männer stark und haben eine große Klappe. Sind sie dann später wieder allein mit ihnen, sind sie wieder fromm wie ein Lamm.

Das Thema Fußball ist bei einem Mann von existenzieller Bedeutung. Gemeinsam treffen sich die Herren der Schöpfung zu einem Spiel oder hängen sich bei

schönstem Wetter vor die Glotze.
Eingekleidet mit Fanschals und
Trikots schwingen sie die Fahnen.
Ab Spielbeginn sind sie nicht mehr
ansprechbar. Sie grölen und
brüllen lautstark umher, so dass es
oft einige Häuserblocks weiter
noch zu hören ist. Verliert die
angebetete Mannschaft, so
verfallen die Fans in tiefer Trauer.
Es wird heiß diskutiert und dabei
vor lauter Frust eine Flasche Bier
nach der anderen geöffnet.
Gewinnt die Mannschaft, findet
das Selbige natürlich in grün statt.
Also so oder so, gesoffen wird
immer.
Ebenso eine wichtige Rolle spielt
für einen Mann das Anschauen
von pornografischen Filmen, im
Volksmund auch Heimatfilme
genannt. Da sie oft selbst nicht
genügend Fantasie haben,
benötigen sie diese Filme zur
Anregung. Beim Nachspielen von

machen Szenen werden sie dann zu akrobatischen Höchstleistungen gedrängt. Zärtlichkeiten bleiben dabei leider oft auf der Strecke. Diese Art von Verkehr zeugt eher von animalischem Sex. Sie rammeln wie die Karnickel.

Oft ist es auch so, dass Männer Pornofilme zum Zwecke ihrer Selbstbefriedigung benötigen. Dies ist nur möglich, wenn der Mann wenigstens eine gesunde Hand hat und beispielsweise nicht an Gicht leidet. Sie schauen sich die Filme oft heimlich an. Werden sie erwischt, ist es ihnen peinlich. Sie behaupten dann, die DVD sei ganz zufällig in den Player gekommen und die Hand haben sie nur in der Hose, weil ihnen kalt ist. Anzeichen für heimliches Filme schauen sind nach einem Mittagschlaf plötzlich auftretende gute Laune, Flecken auf dem Sofa und klebrige Hände.

Beim Betrachten der Filme fällt auf, dass einige Stellen besonders abgenutzt sind, hier wurde offensichtlich immer wieder zurück gespult. Merken sie sich solche Stellen und bringen sie diese bei ihrem nächsten Liebesspiel mit ein.

Achten sie jedoch darauf, dass das Anschauen von pornografischen Filmen nicht überhand nimmt, da die Männer sonst vom ständigen Mütze-Glatze-Spiel an einer Sehnenscheidenentzündung erkranken können.

Aber es gibt durchaus gemeinsame Aktivitäten, die sie zusammen mit einem Mann durchführen können. Machen sie zum Beispiel einen Spaziergang durch Wald und Wiesen oder ins Kornfeld. Diese Gelegenheit können sie bei schönem Wetter für erotische Abenteuer nutzen. Sex im Freien kann für beide Geschlechter sehr aufregend und luftig sein.

Anstrengend und unangenehm kann es jedoch werden, wenn ihr nackter Hintern an der Baumrinde reibt oder ihre Knie von kleinen Steinen durchbohrt werden. Noch schlimmer ist es, wenn sie Sand in die Ritze ihres Hinterteils bekommen und dieser dann anfängt zu reiben. Hier ist gründliches Ausputzen von Nöten, da es sonst zu Wundsein führt. Dann hilft nur noch Creme und Puder. Abhilfe schafft jedoch hier das Mitführen einer Decke. Meiden sie jedoch die Farbe gelb oder orange, dies lockt Insekten und anderes Getier an und macht zudem andere Spaziergänger auf sie aufmerksam.

Passen sie außerdem auf, dass sich keine Zecken oder andere Parasiten an ihren Intimzonen festbeißen, denn diese Tierchen lieben warme und feuchte Gebiete. Der Gang zum Arzt ihres Vertrauens erweist sich hier unter Umständen als etwas peinlich. Vorsichtig ist auch vor Ameisenhaufen und Tierkot geboten. Meiden sie es, ihre Aktivitäten an viel besuchten Waldwegen durchzuführen, eine Begegnung mit dem Nachbarn oder Arbeitskollegen könnte zum Dorfgespräch werden. Auch könnte es sein, dass sie ihr kleines Liebesabenteuer als Kurzfilm im Internet wieder finden.

Im Dunkeln müssen sie damit rechnen, dass ihr Hinterteil schon von großer Entfernung aus zu sehen ist und wie der Mond leuchtet. Halten sie ihren Po deshalb lieber bedeckt.

Bei zu niedrigen Außentemperaturen verzichten sie besser auf derartige Aktivitäten an der frischen Luft, hier könnte sich das männliche Glied eher nach innen verziehen anstatt zu erigieren.

Möchten sie mit einem Mann tanzen gehen, so ist es ratsam sich altes und festes Schuhwerk anzuziehen. Ich empfehle ihnen Schuhe mit Stahlkappen, die schützen vor den ständigen Ausfallschritten, wenn der Mann den Takt nicht halten kann.

Bewegt sich der Herr sehr steif beim Tanz, so reiben sie sanft ihren Oberschenkel an seinen Genitalen, dies lockert auf.

Einige wenige Männer können wiederum sehr gut tanzen und wollen dies natürlich auch zur Schau stellen. Oft werden sie dann wild durch die Gegend geschleudert und geraten in den Mittelpunkt einer jeden Tanzveranstaltung. Halten sie sich gut fest und versuchen sie seinen Bewegungen zu folgen,

improvisieren sie einfach. Ist der Tänzer gar nicht mehr im Zaum zu halten, schreien sie um Hilfe oder täuschen sie eine Ohnmacht vor! Fahrradfahren gehört ebenfalls zu einer beliebten Freizeitgestaltung des Mannes. Sie sollten solche Ausflüge jedoch nicht all zu häufig unternehmen, da sonst die Geschlechtsorgane des Mannes in Mitleidenschaft gezogen werden können. Es kommt oft zu Quetschungen und Verfärbungen, welche Impotenz zur Folge haben können. Kaufen sie am besten einen weichen Sattel und ziehen sie dem Mann Froteeunterhosen an, diese sind weich und polstern die empfindlichen Partien.
Nach einer Party lassen sie den Mann besser einen Helm tragen, wenn sie mit dem Rad heimfahren wollen, denn oft kommt es durch den Alkoholgenuss zu Gleichgewichtsstörungen. Im

Notfall bringen sie einfach
Stützräder am Fahrrad an.
Eine Rundumleuchte sorgt dafür,
dass sie ihn später wieder finden,
falls er auf Abwege gedriftet ist.
Autofahren lieben alle Männer.
Doch vor Fahrtantritt bitte
unbedingt anschnallen. Die
Fahrweise der Männer ist oft
ruppig. Beim Anfahren kann es zu
Atemnot kommen und beim
Bremsen besteht die Gefahr, dass
sie mit Kopf auf das
Armaturenbrett aufschlagen.
Eine besondere Leidenschaft
haben die Männer für das Angeln.
Fahren sie an einem schönen Tag
gemeinsam mit ihm an einen See.
Während der Mann die Rute
auswirft, nutzen sie die
Gelegenheit sich im See ein wenig
abzukühlen. Aber seinen sie
achtsam, dass sie sich nicht im
Angelhaken verfangen oder die
angelockten Fische ihnen nicht in

die Quere kommen. Besondere
Vorsicht ist vor Aalen geboten.
Halten sie ihre Beine möglichst
zusammen.

Nach dem Bad können sie es sich
mit schöner Musik oder das
Spielen eines eigenen Instrumentes
neben ihrem Hochseefischer
gemütlich machen, er freut sich
sicher über ihr Dasein, schließlich
kann Angeln allein ziemlich
langweilig für ihn werden.

Sie können auch gemeinsam mit
ihrem Mann ins Kino gehen. Die
Auswahl des Filmes könnte jedoch
etwas schwierig werden, da
Männer meist nur auf Actionfilme
stehen. Schicken sie ihn beim
Kartenkauf einfach schon mal
Popcorn holen. Sitzt er erst mal auf
seinem Platz und der Film beginnt,
wird er erst später bemerken, dass
er im falschen Film ist. Lenken sie
einfach ab, in dem sie ihn ein
wenig an seiner empfindlichen

Stelle massieren und alles wird
gut. Aber nicht vergessen, ihn
vorher noch den Mund zu
zubinden.

Haben sie ein Exemplar von Mann
erwischt, welches halbwegs mit
Messer und Gabel umgehen kann,
können sie auch romantisch Essen
gehen.

Ist dies nicht der Fall, so gibt es als
Alternative noch die so genannten
Rittermahle. Romantisch ist diese
Art von Essen wohl nicht, aber die
Männer haben einen heiden Spaß
dabei und fühlen sich wie echte
Kerle. Hier können sie auch ihr
Sattsein durch ein lautstarkes
Röhren bekunden. Passen sie
jedoch auf, dass sie keine
herumfliegenden Knochen oder
Gläser vor den Kopf kriegen.

Gemeinsames Kochen kann ihnen
beiden ebenfalls viel Spaß machen.
Lassen sie den Mann das Gemüse
putzen, Kartoffeln schälen und

Schnitzel klopfen. Zum Schutz der Finger gibt es hierfür Stahlhandschuhe. Ist der Mann beim Zubreiten des Essens daran beteiligt, so können sie sicher sein, dass er nichts daran auszusetzen hat.

Es gibt noch viele andere Dinge, die sie gemeinsam mit einem Mann machen können, testen sie es einfach aus. Für Risiken und Nebenwirkungen trage ich jedoch keine Verantwortung.

Den Mann alleine lassen

Sie möchten gern mal allein in den Urlaub fahren, gehen auf Dienstreise oder einfach nur mal einen Abend mit ihren Freundinnen verbringen? Grundsätzlich ist es möglich einen Mann für einen gewissen Zeitraum alleine zu Hause zu lassen. Wichtig ist, dass sie dies von Anfang an trainieren. Beginnen sie mit kurzen Ausflügen ohne ihn und steigern sie dies allmählich. Wenn sie wieder kommen, belohnen sie ihn Begrüßungssex oder einem Kasten Bier. Vor Beginn einer jeden Reise sind jedoch unbedingt Vorkehrungen zu treffen. Als aller erstes ist dafür zu sorgen, dass der Mann genügt zu Essen und Trinken im Haus hat. Machen sie vor der Reise einen Großeinkauf. Kaufen sie sehr viel

Fleisch, Eier und Bier. Ein Fass bietet sich ihr gut an. Bei längerer Abwesenheit gehen sie vorher gemeinsam in den Supermarkt und erklären sie ihm, wie er im Notfall selbst einkaufen kann. Definieren sie ihm die verschieden Obst- und Gemüsesorten, damit er auch ausreichend Vitamine zu sich nimmt.

Um dem Mann auch einmal am Tag eine warme Mahlzeit zu verschaffen, kochen sie die Gerichte vor und frieren sie diese ein, so dass der Mann gar nicht erst auf die Idee kommt, den Herd zu betätigen. Versuchen sich die Herren der Schöpfung selbst als Koch, fangen sie an zu experimentieren, welches meist in einer Katastrophe endet. Die Gerichte sollen dann besonders ausgefallen und lecker werden, sind jedoch in Wirklichkeit ungenießbar. Sie ersparen sich mit dem Vorkochen unnötig Abfall, denn oft ist nicht nur das Essen hinüber, sondern auch Pfannen und Töpfe.

Vor ihrer Reise sollten sie noch einmal alles Waschen, damit der Mann ausreichend mit Kleidung versorgt ist. Er sollte auf keinen Fall die Waschmaschine betätigen, denn das kann dazu führen, dass er danach völlig neu eingekleidet werden muss. Weiße Wäsche wird rosa, Pullover passen plötzlich ihrem Chihuahua und die Jeans kann nur noch bei Hochwasser getragen werden.

Legen sie dem Mann nur bügelfreie Kleidung bereit, um Brandstellen an Hemden und Körper zu vermeiden. Verstecken sie am besten gleich das Bügeleisen.

Beziehen sie ihre Betten noch einmal mit frischer Bettwäsche. So können sie im Nachhinein überprüfen, ob sich eventuell fremde Haare oder Spuren von sexuellen Betätigungen finden lassen. Damit der Mann beim Schlafen gehen an sie denkt, legen sie ihm am besten getragene Wäsche unter sein Kopfkissen. Je strenger der Geruch, je andauernder die Wirkung.

Bespielen sie eine Videokassette, auf der sie ihm Gute-Nacht-Lieder vorsingen, dies sorgt für Träume. Je nach ihren Gesangskünsten führt es zu Alpträumen oder süßen Träumen.

Mit einfachen Putzaufgaben können sie den Mann hingegen vertraut machen. Zeigen sie ihm wie man Staub saugt, den Müll raus bringt oder ein Abflussrohr reinigt. Am besten ist es, sie verteilen in der gesamten Wohnung kleine Zettelchen zur Orientierung. Legen sie ihm ausreichend Bargeld hin, da er am

Geldautomaten nur ihre Karte sperren würde.

Sorgen sie für Beschäftigung während ihrer Abwesenheit, in dem sie ihm bestimmte Aufgaben zur Erledigung auftragen. Seihen sie dabei nicht zimperlich, eine komplette Wohnungsrenovierung ist durchaus zumutbar, wenn sie sich länger als 1 Woche in Abwesenheit befinden. Wollen sie die Wände farbig haben, so beschriften sie diese. Schreiben sie zum Beispiel an der Wohnzimmerwand mit roter Farbe das Wort ROT darauf.

Vor ihrer Abreise ist es ganz wichtig, den Mann ans Telefon zu gewöhnen, damit sie ihn auch erreichen können. Die meisten Männer haben eine angeborene Scheu vor Fernsprechapparaten. Aber mit ein bisschen Übung lässt sich diese Scheu leicht überwinden. Um jedoch hohe

Telefonkosten vorzubeugen, sperren sie vorab die 0190iger oder 0900er Nummern. In den späten Abendstunden werden solche Rufnummern häufig in der Fernsehwerbung angepriesen und versprechen Gestöhne am Telefon. Dies können sie aber auch billiger haben, in dem sie ihren Mann einfach die Nummer von der Kundenbetreuung ihres Telefonanbieters geben, die ist meist sogar kostenfrei.

Sollte ihr Mann dazu neigen, sie mitten in der Nacht weinend anrufen, weil er sie so vermisst und nicht ohne sie einschlafen kann, kaufen sie ihm eine Gummipuppe und kleben sie ein Bild von sich auf den Puppenkopf, dies verschafft Beruhigung. Mit der Puppe kann er dann kuscheln und bei Bedarf direkt noch seiner Befriedung nachkommen.

Wenn sie all diese Dinge beachten, können sie sich ganz in Ruhe auf ihre Reise entspannen. Diese Zeit werden sie auch benötigen, denn der Stress für die Vorbereitungen ist nicht Ohne.

Die Reise mit dem Mann

Sie können ihren Mann jederzeit und überall mit hin auf die Reise nehmen. Meist sind sie auch überall geduldet. Er benötigt dafür lediglich eine kleine Tüte an Gepäck und verhält sich sonst wie immer.

Der Senior

Ab einem Alter von etwa 50 Jahren spricht man beim Mann von einem Senior.
Wie bei jedem Lebewesen, so treten auch bei einem Mann im Laufe der Jahre gewisse Veränderungen und Alterserscheinungen auf.
Angefangen vom Aussehen, bekommt er die bereits erwähnte Glatze oder graue Haare, Hornhaut bildet sich an den Füßen, er bekommt dicke steinharte Nägel, einen krummen Gang und die verschiedensten Gebrechen. Aus den vorerst schönen Muskeln wird herunter hängendes Fettgewebe. Die Zähne fallen aus und kaut er dann nur doch auf den Felgen. Was zur Folge hat, dass die Nahrung komplett auf weiche und breiige Speisen umgestellt werden muss. Knochen vom Kotelett

können dann nur noch abgelutscht werden.

Möchten sie ihren alten Mann trotz des unansehnlichen Erscheinungsbildes nicht in ein Altersheim bringen, so brauchen sie viel Kraft und Nerven für die Pflege daheim. Ein Mann im Alter braucht mehr Liebe und Zuneigung denn je. Der Verstand schrumpft noch weiter nach unten und die Sinnesorgane werden schwächer. Technik wird für ihn zur hohen Kunst.

Mit der Sexualität verhält es sich bei Männern jedoch ganz unterschiedlich. Manche verhalten sich mit 50 wie Ochsen (kastrierte Bullen) anderen wiederum sagt man nach, je oller je doller.

Nachwort

Ich hoffe, ich konnte ihnen mit meinen Ausführungen den Mann etwas näher bringen.
Beachten sie bitte, jeder Mann ist unterschiedlich. Vielleicht haben sie Glück und sie haben ein Exemplar zu Hause, das anders ist.
Haben sie jedoch einen Kerl an ihrer Seite, der so ist, wie in diesem Buch beschrieben, dann ist ihnen auch nicht mehr zu helfen!

Raum für persönliche Notizen zu ihrem Exemplar:

Herstellung und Verlag:
Books on Demand GmbH, Norderstedt
ISBN 978-3-8391-0793-5